Fåglars flykt

Kerstin Gansmark

Fåglars flykt

FSC
www.fsc.org
MIX
Papper från ansvarsfulla källor
Paper from responsible sources
FSC® C105338

Fotograf: Bim Wikström

Förlag: BoD – Books on Demand, Stockholm, Sverige

Tryck: BoD – Books on Demand, Norderstedt, Tyskland

ISBN: 978-91-8057-285-9

Fåglars flykt

över glänsande fåror

tecknar en vridning mot höst.

Norra halvklotets höst

är södra halvklotets vår.

Det vet svalan.

Höstens mull är vårens kraft

men en människa liksom ett löv

har bara ett liv

liv som ger mull

mull som ger liv

löv, liv, människa, mull, liv.

Rusig av sömnbrist

och på minimalt utrymme

for hon i 180 med okänd chaufför

över tyska slätten

halv fem en sommarmorgon.

I kroppen minnet av en doft.

Och sekunderna efter på

en skärm hundra mil bort

ettor och nollor förmedlande:

»Måtte livet nådigt låta oss mötas igen.«

I hans närvaro

öppnade sig hennes sinnen.

De gick upp som av sig själva

och släppte in honom.

Han var en alldeles riktig människa,

sa han.

Om fem år skulle han vara alldeles normal,

sa han.

Någon gång, o någon gång

stack en stråle av humor

rakt igenom Helvetet.

En skilsmässa är som

att riva upp en stickning

maska för maska

och varv för varv

tills bara garnet är kvar.

En mil ner i jorden tog någon ett tag

och riste i klotet

så att människor i sängarna

från Hannover till Jönköping

bävande satte sig upp.

Vit brudklänning och svart kostym

blev till mantlar i grått.

och ingen råd fanns

att göra grått till svart och vitt igen.

Hon satt i ett badkar och var gravid

i den andra änden av karet satt han.

Då visste hon inte

att hon satt med missfall inom sig

och missfall mellan dem.

Barnet var dött fick hon veta veckan därpå

och han var kär i en annan.

Kommer Kickan, sa pappa.

Ja, pappa, nu kommer Kickan,

nu står jag i dörren och är fyra år

och du är nittio och död.

Liksom ett tält innan det faller

när pinnarna slitits upp

står gården ett ögonblick kvar.

När Alex var tolv år

sydde hans mor en kostym i manchester

men Alex ville inte ha den kostymen

och kostymen fick hänga.

Liksom han ratade kostymen

han fick av sin mor

ratade han det liv han fått.

Han ville inte ha det.

Livet fick hänga, liksom kostymen.

Den blomma alla såg som död

hade tagit sig igen

i kraft av ett liv

om hela tiden varit där.

Satt på riksdagsläktaren och funderade över att
ledamöterna var färre än de säkerhetsvakter
hon fick möta för att komma in,
fick i huvudet Aspenströms rader:

»Varför spärrar ni förstädernas gator?
Dem ni väntar passerar inte förstäderna.«

Tänk, när danske storkungen Knut den helige

för tusen år sen lade en kyrka i Lund

markerande revir mot det hedniska Uppåkra,

då sedan sekler sannolikt mäktigast vida omkring

idag en plats för arkeologer med forskarbidrag.

Dagarna rullar som de alltid har rullat

och en dag är den sista – sägs det –

fast man inte tror det

när man lever och dagarna rullar

som de alltid har rullat.

Bokhandeln saluför mot sina intressen

elektroniska läsplattor litet i ett hörn

och biblioteken lånar lika kluvet ut e-böcker,

allt i försök att blidka den digitala björnen.

»Nalle han slukar mest allt vad där är

Hör du, jag tror att du tycker om bär.«

»I stenbrotten vid Syrakusa där sutto vi och gräto«

lyder en rad ur »Hill, Hill, Hill« av Jesper Svenbro.

Det handlar om målaren Carl Fredrik Hill

som i Svenbros dikt iscensätter de gamla grekernas

misslyckade försök att behålla sin storhet

Själv berövad sin makt, sin hälsa och sin skaparkraft

sitter Hill i morgonrock vid sin fars gamla skrivbord

hemma i Lund och lever sig in i grekernas förlust:

»I stenbrotten vid Syrakusa där sutto vi och gräto.«

Hundra år efteråt säljer hans tavlor för miljoner.

Männen som sköt på Charlie Debdo i Paris

hatade och förgjorde

som svar på vad satirikerna i tidningen

gjort med sina pennor.

Den avgörande skillnaden:

mord i stället för ord.

Folk vill inte ha fiktion, folk vill ha det nakna jaget.

»Att skriva fiktion är som att köra bil iförd

clownkostym«, skrev någon.

Bort med clownkostymen, tycker folk, kör i jeans!

Knausgårds *Min kamp,*

Noréns *Dagbok,*

Stig Larssons *När det känns att det håller på ta slut.*

Ju mer av barfotajaget desto intressantare, tycker

folk.

Gardera med beteckningen roman.

Han ville ha sin frihet

och hon ville bli av med sin

såg det ut som.

Om det gick att sända ner en spegel i själen
skulle hon se ett stort fält där fåglar häckar
och höga segel i avlägsna vatten.
Högt och lågt, nära och fjärran.
Och sig själv på vandring i stiglöst land
buren av en oerhörd önskan
att få leva länge i denna vackra värld.

En mustaschprydd man bjöd upp

nyfiken följde hon med ner i kaninhålet

och stannade där.

Inte sällskap men gemenskap

inte tills vidare utan för alltid

och när de är döda en gång

ska de tillsammans djupna i jorden